conhecer &
enfrentar

A MENOPAUSA

conhecer & enfrentar

A MENOPAUSA

Hérbene Tolosa

EDITORA CONTEXTO

Copyright © 1998 Hérbene Tolosa

Coleção
Conhecer & Enfrentar

Coordenadores
Dr. Paulo Palma
Dr. Carlos Domene

Projeto gráfico
Tania Ferreira de Abreu

Diagramação
Niulze Aparecida Rosa

Ilustração de capa
Mônica Arghinenti

Ilustrações
Maria Alice Gonzales

Revisão
Ana Luiza França
Rose Zuanetti

Dados Internacionais de Catalogação na Publicação (CIP)
(Câmara Brasileira do Livro, SP, Brasil)

Tolosa, Hérbene Antonio de.
A menopausa / Hérbene Antonio de Tolosa. 3. ed. – São
Paulo: Contexto, 2001. – (Conhecer & Enfrentar).

ISBN 85-7244-057-7

1. Climatério. 2. Menopausa. 3. Menopausa – Aspectos
psicológicos I. Título. II. Série.

	CDD-618.175
97-0065	NLM-WP 580

Índices para catálogo sistemático:
1. Climatério: Ginecologia: Ciências médicas 618.175
2. Menopausa: Ginecologia: Ciências médicas 618.175

Proibida a reprodução total ou parcial.
Os infratores serão processados na forma da lei.

2001

Todos os direitos desta edição reservados à
EDITORA CONTEXTO (Editora Pinsky Ltda.)
Diretor editorial *Jaime Pinsky*
Rua Acopiara, 199 – Alto da Lapa
05083-110 – São Paulo – SP
PABX/FAX: (11) 3832 5838
contexto@editoracontexto.com.br
www.editoracontexto.com.br

SUMÁRIO

Introdução	7
O que é menopausa?	9
Hormônios	13
Fatores que influenciam a idade do estabelecimento da menopausa	19
Sintomas	24
Menopausa precoce	27
Como enfrentar	30
Como prevenir	47
Como tratar	51
Tratamentos não-hormonais	56
Nutrição x exercícios físicos x hábitos gerais	58
Resumindo	63

INTRODUÇÃO

Historicamente, a menopausa tem sido apresentada às mulheres como algo que se deve temer, algo associado a sensações ruins e, principalmente, como marca registrada de envelhecimento. Não se pode esquecer que o papel social da mulher sempre esteve ancorado aos valores de sua etapa reprodutiva e à sua capacidade de gerar e educar os filhos. Assim, o cessar das funções reprodutivas representava, automaticamente, uma anulação das funções femininas na sociedade.

Em documentos médicos do século XVIII não há registro da palavra "menopausa", porém encontra-se a seguinte definição de climatério: "Ano tido supersticiosamente como de azar. Tempo de doenças temperamentais ou perigoso por suas circunstâncias. Estar climatérica é estar de mau humor". Ao longo de todo esse século e do seguinte, praticamente todos os autores que discorreram sobre o assunto o fizeram a partir de um ponto de vista patológico, confundindo menopausa com uma patologia orgânica que se apresenta com maior freqüência em uma determinada faixa etária, sem relação com os aspectos funcionais da menopausa.

A evolução desses conceitos absurdos passou por fases não menos preconceituosas; durante muito tempo, considerou-se a sintomatologia climatérica uma invenção feminina, geralmente característica de mulheres que tinham muito tempo ocioso e poucas obrigações. Com as intensas mudanças na estrutura socioeconômica a que assistimos no mundo neste final de século, a mulher cada vez mais participa de todos os setores da vida, dividindo, como é de direito, obrigações e deveres em absoluta igualdade com o homem e, conseqüentemente, sofrendo todas as pressões que o desenvolvimento tecnológico nos impôs. É claro que tais mudanças provocaram também uma reformulação conceitual da menopausa.

Até a década de 60 havia autores que atribuíam os sintomas da menopausa a problemas de personalidade, como se demonstra pela seguinte afirmação de M. Wolfron, de 1964: "Cada mulher tem o climatério que merece; somente a mulher de personalidade sólida pode passar por ele incólume".

Nas últimas décadas, as mulheres se conscientizaram das fortes atitudes sexistas em relação aos sintomas que acompanham vivências intrinsecamente femininas — menstruação, gestação e parto —, raramente levadas a sério tanto social quanto medicamente. Por meio da intensa participação feminina em todos os campos da vida atual, esses conceitos, entretanto, estão sendo desmitificados e valorizados.

Além disso, o espetacular aumento na expectativa de vida média propiciado pela sociedade moderna fez com que o estereótipo negativo da mulher de meia-idade — de estar sempre reclamando de sintomas subjetivos — fosse gradualmente substituído pelo entendimento de que a menopausa é uma fase da vida feminina que apresenta características próprias.

Por que não deixar de lado os preconceitos, por que não se dispor a entender a menopausa como uma fase normal da vida em todas as suas nuanças, por que não se preparar para viver esse período de maneira consciente e, em especial, por que não desfrutar de seus aspectos positivos?

Com este livro, esperamos propiciar a todas as mulheres uma outra visão da menopausa, que não deve ser encarada com medo ou angústia e sim como uma nova etapa da vida.

O QUE É MENOPAUSA?

Menopausa significa cessação da menstruação. É a fase da vida feminina imediatamente anterior e posterior à última menstruação. O climatério marca a transição entre a fase reprodutiva e a não-reprodutiva da mulher, podendo ser ou não acompanhado de sintomas gerais. O conjunto desses sintomas denomina-se "síndrome do climatério". O uso consagrou, mesmo entre os médicos, o termo "menopausa" para designar tanto o período imediatamente anterior e posterior à última menstruação quanto a sintomatologia que pode se manifestar nessa fase.

Aqui, usaremos as palavras "menopausa" e "climatério" para expressar o período de transição que marca o final da vida reprodutiva da mulher e que geralmente ocorre na meia-idade.

Para entender os fatores orgânicos envolvidos na menopausa, é necessário conhecer os mecanismos hormonais e os órgãos envolvidos nesse processo. Os ovários estão situados do lado direito e do lado esquerdo do útero, tendo como funções principais produzir óvulos e sintetizar hormônios (*fig. 1*). Dentro do ovário existem milhões de óvulos que aguardam um sinal hormonal para iniciar o período de maturação que ocorre a partir de um determinado momento do ciclo menstrual.

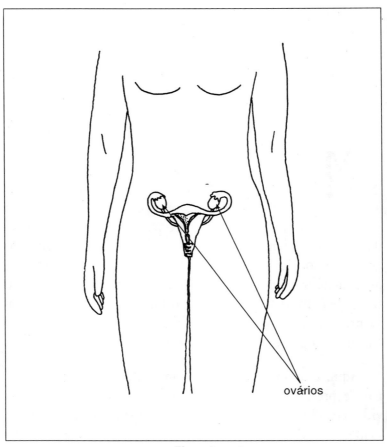

Figura 1

Por ciclo menstrual entendemos o período que vai do primeiro dia de uma menstruação até o último dia antes da próxima. A maioria dos ciclos menstruais dura 28 dias; são basicamente regulados pelo estrógeno e pela progesterona. Na primeira metade do ciclo menstrual, antes da ovulação, há maior quantidade de estrógenos circulantes. Ao aproximar-se a ovulação, o estrógeno diminui e a progesterona começa a aumentar. Na segunda metade do ciclo menstrual, após a ovulação, há um predomínio de progesterona, fato que está ligado ao conjunto de sintomas que costumamos chamar de tensão pré-menstrual (TPM).

O crescimento do óvulo ocorre dentro de uma estrutura chamada folículo. Uma vez maduro, o folículo se rompe e o óvulo deixa o ovário (ovulação), sendo captado pelas trompas (*figs. 2 e 3*). A ovulação ocorre 14 dias antes da próxima menstruação.

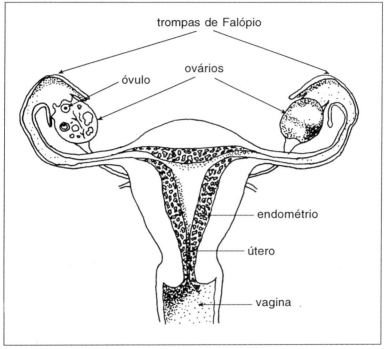

Figura 2

Para que ocorra gravidez, é necessário que o óvulo encontre o espermatozóide (célula sexual masculina), unindo-se a ele dentro da trompa (fecundação – *fig. 3*) para dar início a uma nova vida. A estrutura resultante desse encontro (embrião) move-se em direção à cavidade uterina, onde se fixará e se desenvolverá. A fixação do embrião no interior do útero chama-se nidação (*fig. 3*).

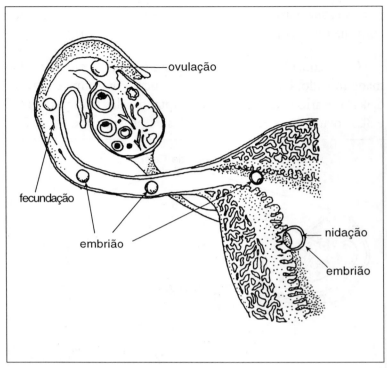

Figura 3

Quando não há fecundação, o endométrio (*fig. 2*) — tecido que recobre internamente a cavidade uterina —, que aumentou em espessura para receber o óvulo fecundado, separa-se da parede uterina, ocasionando sangramento: a menstruação.

Todos esses processos são coordenados por hormônios.

HORMÔNIOS

Os hormônios são substâncias químicas fabricadas pelas glândulas e transportadas pelo sistema circulatório até os órgãos em que exercerão seu efeito. São os hormônios os responsáveis por regular as respostas do corpo aos estímulos internos e externos. Há também hormônios que realizam suas funções no local em que são produzidos.

Apesar de o conhecimento sobre os hormônios ter aumentado muito nas duas últimas décadas, ainda não se sabe tudo sobre essas substâncias. Há muitas dúvidas sobre a maneira exata pela qual os hormônios produzem tantos e tão variados efeitos em nosso organismo.

Os hormônios sexuais (andrógenos, estrógenos e progesterona) são essenciais para o desenvolvimento e funcionamento do sistema reprodutor, sendo produzidos principalmente pelas gônadas — os órgãos sexuais masculinos (testículos) e femininos (ovários). Os hormônios sexuais também são produzidos em outros órgãos, porém em menor escala.

A produção desses hormônios é regulada por diversos mecanismos e estruturas. O hipotálamo (*figs. 4 e 6*) tem um papel importante no controle da produção dos hormônios. Existem complexos mecanismos orgânicos que levam mensagens até o hipotálamo sobre a quantidade de hormônio circulante no organismo, para que ele possa comandar uma maior ou menor produção hormonal. Incluídos nesses mecanismos estão outros hormônios produzidos no cérebro, mais especificamente na glândula pituitária ou hipófise (*figs. 4, 5 e 6*), próxima ao hipotálamo. Esse mecanismo, através do qual a quantidade de hormônios circulantes regula a produção de outros hormônios, é conhecido como *feedback* ou retroalimentação. O mecanismo de *feedback* pode atuar aumentando ou diminuindo a síntese hormonal.

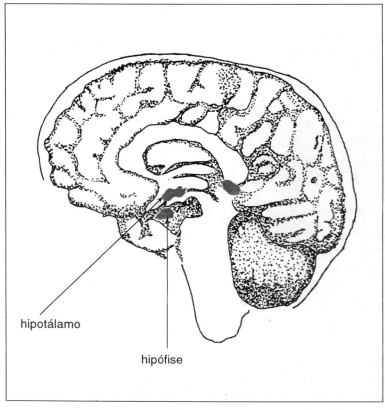

Figura 4

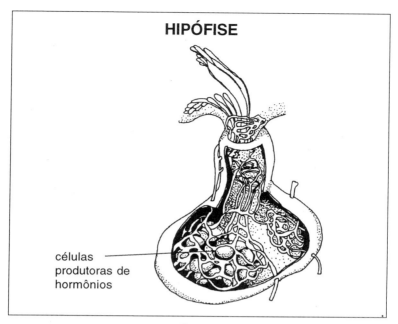

Figura 5

Esses hormônios – FSH ("hormônio estimulante do folículo") e LH ("hormônio luteinizante") – são conhecidos como gonadotrofinas. A elevação dos níveis das gonadotrofinas é o parâmetro médico para definir o estabelecimento da menopausa. A interação desses hormônios e estruturas regula o ciclo menstrual, expressão orgânica da feminilidade em todas as suas fases.

Os estrógenos são, normalmente, definidos como os hormônios sexuais femininos. Esse conceito é bastante correto, pois são eles os responsáveis por muitas das características femininas: desenvolvimento mamário e dos órgãos genitais, distribuição do tecido adiposo (gordura), manutenção das condições normais da vagina e regulação do ciclo menstrual, entre outras. Além disso, os estrógenos interferem em várias funções: no controle de proteínas e lipídios sangüíneos (colesterol, triglicerídeos), na manutenção dos tecidos que auxiliam o suporte geral do organismo e nos efeitos gerais sobre a fisiologia feminina.

Usaremos a palavra estrógeno para designar todos os hormônios que possuem ação estrogênica. Por ação estrogênica entenda-se qualquer ação envolvida com os processos reprodutivos femininos ou que colaborem na manutenção do organismo da mulher.

Os ovários são o principal local de produção dos estrógenos. Na puberdade, sua produção é intensificada, influenciando as mudanças físicas dessa fase: crescimento das mamas, aparecimento de pêlos pubianos e axilares e mudanças gerais nos aspectos físicos e psicológicos. O estrógeno produzido nos ovários é conhecido por estradiol.

As duas glândulas supra-renais ou adrenais (situadas nos pólos superiores dos rins), juntamente com os ovários, produzem outro tipo de estrógeno: a estrona, que está ligada à manutenção da estrutura óssea (*fig. 6*). Embora seja produzida em pequenas quantidades durante a vida reprodutiva, a estrona assume papel importante na manutenção da densidade óssea no climatério.

A progesterona é produzida, principalmente no ovário, pela estrutura que restou do folículo após a ovulação. Seu papel mais importante é preparar o endométrio para receber o óvulo fecundado.

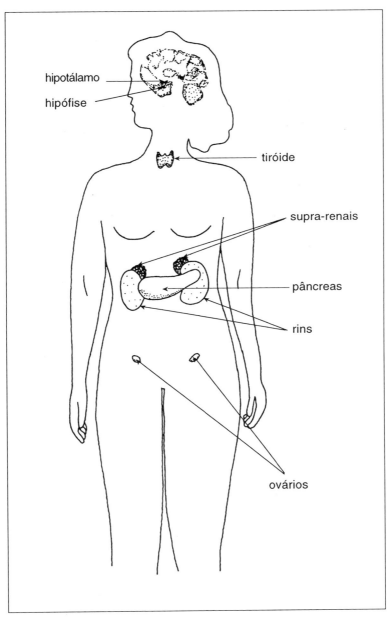

Figura 6

O mito:

Passei por uma retirada do útero com conservação dos ovários. Com não menstruo mais, estou na menopausa.

A verdade

A menopausa somente terá início quando os níveis hormonais começarem a diminuir, o que acontecerá no mesmo tempo em que aconteceria se a cirurgia não tivesse sido feita.

FATORES QUE INFLUENCIAM A IDADE DO ESTABELECIMENTO DA MENOPAUSA

O que a menopausa significa para o organismo? Da mesma maneira que, durante a infância, o organismo se preparou para o começo da produção dos hormônios sexuais, ao longo da idade adulta a produção hormonal começa a diminuir de forma lenta e gradativa. Quando se inicia a redução da quantidade de hormônios circulantes, os órgãos onde esses hormônios exercem sua ação sentem as conseqüências de tal mudança. Esse fato gera os sintomas da menopausa.

Em média, a menopausa ocorre por volta dos 50 anos, podendo variar em função das características pessoais. É muito difícil estabelecer com rigor a influência de fatores externos na menopausa.

O mito:

*Eu vou entrar na menopausa na mesma
idade e ter os mesmos sintomas que a minha mãe teve.*

A verdade

Existe uma certa semelhança entre os sintomas e a idade em que a menopausa ocorre nas mulheres de uma mesma família, porém há uma série de influências pessoais nos sintomas e na idade em que a menopausa surge. O fato de pertencerem à mesma família não implica que essas mulheres apresentem a mesma sintomatologia.

O mito:

*A menopausa não sofre alterações
em função das condições climáticas.*

A verdade

As mulheres que vivem em países de clima quente costumam entrar na menopausa antes daquelas de países de clima frio.

O mito:

Fatores socioeconômicos não influem na chegada da menopausa.

A verdade

Estudos já admitem que nas classes sociais mais baixas, em que a nutrição é deficiente, a idade média com que as mulheres chegam à menopausa é menor do que nas classes sociais em que não se verificam deficiências alimentares.

O mito:

A obesidade antecipa a chegada da menopausa.

A verdade

Sempre se considerou a obesidade fator de adiantamento da menopausa, mas estudos recentes desmentem essa afirmação.

O mito:

O número de gestações não tem efeito sobre a menopausa.

A verdade

As observações médicas são no sentido de que mulheres que nunca gestaram entram na menopausa mais precocemente. As que tiveram até três gestações atingem a menopausa mais tarde. A partir da quarta gestação, porém, a idade média de estabelecimento da menopausa diminui.

O mito:

Está provado que os anticoncepcionais orais alteram a idade média de estabelecimento da menopausa.

A verdade

Apesar de ter-se acreditado, por algum tempo, que o aumento dos ciclos anovulatórios – aqueles em que, por uso de anticoncepcionais hormonais, a ovulação fica suspensa – alterava a idade média de estabelecimento da menopausa, isso não foi, até hoje, comprovado cientificamente.

O mito:

A histerectomia e a laqueadura apressam a chegada da menopausa.

A verdade

A histerectomia (retirada do útero, com a permanência dos ovários) e a laqueadura (interrupção das trompas para fins de anticoncepção) não têm influência definitiva sobre o surgimento da menopausa.

A histerectomia pode ser parcial ou subtotal, quando só é retirado o útero, deixando-se o colo uterino; ou total, com a retirada de todo o útero, incluindo o colo. Ambas podem ser realizadas por via vaginal ou abdominal.

O mito:

O hábito de fumar não tem influência sobre a menopausa.

A verdade

O tabagismo é um dos fatores de maior influência sobre a menopausa. Há uma clara relação do tempo e da intensidade do hábito de fumar com a antecipação da menopausa, que se estabelece antes nas mulheres fumantes. Além disso, o fumo tem efeitos negativos no sistema cardiovascular, pulmões e pele.

SINTOMAS

Quando defrontamos com os sintomas geralmente atribuídos à menopausa, temos que considerar cada mulher em seu conjunto de emoções e experiências, no contexto de vida em que as reações ocorrem e o quanto essas reações influenciam o estilo de vida de cada uma das mulheres.

Podemos imaginar, por exemplo, que é muito mais problemático para uma professora de ginástica passar por ondas de calor, sudorese e taquicardia durante uma sessão de exercícios do que para uma secretária que trabalha em uma sala com condicionador de ar.

A intensidade dos sintomas é subjetiva, ou seja, varia de grau e de importância em função do contexto de vida de cada mulher.

Os sintomas mais comumente atribuídos à menopausa são: irregularidade menstrual, ondas de calor, suores noturnos, ressecamento vaginal, insônia e/ou pesadelos, alterações sensoriais (referentes à visão, ao olfato e às alterações de sabor), sensações estranhas na cabeça, dores lombares, despertar antecipado em relação a tempos passados, surgimento de alergias e sensibilidades, flutuação no desejo e na resposta sexual, coceira vulvar, indigestão, flatulência ou gases, súbita aparição de pêlos faciais, alterações no ritmo cardíaco ("batedeiras"), choro sem razão, tornozelos, joelhos, pulsos ou ombros doloridos, dores no calcanhar ao despertar, alteração da grossura e textura de cabelos e pêlos, embranquecimento de cabelos e pêlos pubianos, dificuldade para respirar, aumento da freqüência com que se urina (freqüência miccional), perda de urina (ao tossir ou espirrar ou no orgasmo), tendência a infecções urinárias, aumento da ocorrência de infecções vaginais, aumento de peso em determinados locais (costas, mamas, abdômen), súbitos ataques de raiva, sensibilidade exagerada ao toque, ataques de pânico inexplicáveis, ansiedade, perda de confiança pessoal, depressão, dor durante o ato sexual (dispareunia), dores de cabeça, facilidade de se magoar, formigamento da pele e lapsos de memória.

O mito:

É impossível determinar, em função dos sintomas, se a menopausa está estabelecida.

A verdade

Para se ter certeza de que uma mulher entrou na menopausa, deve ser observada uma conjunção de diversos fatores. Muitas vezes, o que parece ser a menopausa não passa de um distúrbio orgânico que não vai provocar a interrupção definitiva das menstruações.

O mito:

Todas as mulheres apresentam os mesmos sintomas por ocasião da chegada da menopausa.

A verdade

Nem todas as mulheres apresentam os mesmos sintomas na menopausa. Há inclusive mulheres que atravessam essa fase sem experimentar nenhuma das sensações comumente relacionadas. Deve ficar claro que um mesmo estímulo pode causar diferentes reações em pessoas diferentes. Cada organismo é único e, portanto, as reações de uma mulher não serão necessariamente as mesmas apresentadas em outra.

MENOPAUSA PRECOCE

Há muita divergência sobre o que se deve considerar como menopausa precoce. O conceito corrente define que a menopausa é precoce quando ocorre antes dos 40 anos. Esse número, porém, é totalmente arbitrário.

É necessário entender que algumas mulheres podem passar algum tempo sem menstruar sem que estejam na menopausa. Geralmente, essas situações ocorrem por alterações hormonais de várias origens.

Vamos considerar menopausa precoce como a ausência de menstruações, com o aparecimento de sintomas característicos, antes dos 40 anos.

Medicamente, também usamos como parâmetro para definir menopausa precoce o aumento de FSH ("hormônio estimulante do folículo") e de LH ("hormônio luteinizante") no sangue. O tempo que o FSH e o LH devem permanecer em níveis elevados no sangue, para que se defina o quadro, ainda é objeto de discussão entre os médicos, com opiniões que variam entre um e seis meses.

Em relação à sintomatologia, as mulheres que chegam à menopausa precocemente sofrem mais com os efeitos da falta de hormônios. Várias são as explicações possíveis. A queda dos níveis hormonais é brusca em um organismo que não estava preparado para tal. Essas mulheres estarão, assim, mais tempo expostas aos baixos níveis hormonais e, conseqüentemente, aos seus sintomas. Especial atenção deve ser dada aos cuidados gerais para combater e prevenir a osteoporose em mulheres que enfrentam a menopausa precoce.

O mito:

Muitas mulheres passam por uma menopausa precoce.

A verdade

Ao contrário do que se ouve falar, a menopausa precoce ocorre raramente, variando de 1% a 3% da população geral. As principais causas da menopausa precoce são:

cirúrgicas – a remoção total de ambos os ovários (ooforectomia), necessária em casos de tumores ovarianos malignos, leva ao estabelecimento da menopausa. Ooforectomias parciais (retirada de partes de um ou dos dois ovários), que podem ser necessárias em determinadas patologias benignas, não afetam o funcionamento ovariano.

químicas – os quimioterápicos são medicamentos usados para o tratamento de diversos tipos de câncer. Diferentes quimioterápicos podem levar ao estabelecimento da menopausa precoce. Há um outro grupo de drogas, utilizado basicamente para tratar a endometriose, que induz a uma menopausa química. A endometriose é o crescimento do endométrio em locais onde ele habitualmente não existe.

Essas ilhas de tecido endometrial, sujeitas aos estímulos hormonais normais, crescem e provocam sintomas dolorosos, infertilidade e outras complicações. Os principais locais em que se verifica a endometriose são os ovários, o útero e as trompas. O diagnóstico e a primeira medida de tratamento da endometriose geralmente são feitos por videolaparoscopia (técnica cirúrgica que consiste na introdução, no abdômen, de um tubo óptico acoplado a uma câmera de vídeo). A seguir, utilizam-se medicamentos que visam estabelecer uma menopausa artificial durante um certo período de tempo, na tentativa de que as ilhas de tecido endometrial desapareçam.

genéticas – cromossomos são estruturas contidas no núcleo das células e definem todas nossas características. Algumas raras patologias genéticas, ou seja, alterações nos cromossomos, levam à menopausa precoce.

COMO ENFRENTAR

R uth Jacobwitz escreveu, na introdução de seu livro *Managing your menopause* (*Gerenciando sua menopausa*): "O que aconteceu comigo não deveria acontecer com nenhuma mulher em lugar nenhum do mundo". Ruth começou a sentir os sintomas de menopausa em 1985, quando o assunto ainda não contava com a divulgação que tem atualmente. "Por algum tempo me senti lutando desajeitadamente contra algo que acontecia comigo e que eu não sabia definir, chegando a pensar que estava enlouquecendo."

O passo inicial para enfrentar a menopausa é saber reconhecer os primeiros sinais. A seguir, procurar informar-se corretamente sobre os acontecimentos dessa fase da vida e sobre as medidas, medicamentosas ou não, disponíveis que possam ajudar a mulher a enfrentar eventuais desconfortos.

A maior parte da vida adulta de uma mulher é governada pelos ciclos menstruais, que são mais ou menos previsíveis. Até mesmo as mulheres cujo ciclo é irregular acostumam-se com essa regular irregularidade. O período de instabilidade que precede uma menstruação é sempre reconhecido ou identificado pela maioria das mulheres. Acostumar-se à menstruação leva bastante tempo. Esse período começa antes da menarca (primeira menstruação) e algumas mulheres podem demorar até cinco anos para se sentirem psicologicamente cômodas com os ciclos menstruais.

Assim, depois de 35 anos de menstruação, não deve ser surpreendente o fato de que se necessite de outros cinco anos ou mais para adaptar-se ao fato de não mais menstruar. Além disso, muitas mulheres ainda sentem alterações típicas da fase pré-menstrual no período em que menstruariam e, às vezes, essas sensações se prolongam por muitos anos após a menopausa.

Por todas essas razões, entendemos "menopausa" como um período de tempo e não como a última menstruação, mesmo por que só com o passar de algum tempo é que somos capazes de determinar qual foi a última menstruação. Além disso, temos que considerar as mulheres cujo último período menstrual foi resultado de uma cirurgia de remoção do útero ou apenas do endométrio, como se faz atualmente. Essas mulheres, apesar de não menstruarem, não estão na menopausa.

O mito:

Se eu tiver um ciclo sem ovulação,
posso ter certeza de que a menopausa está chegando.

A verdade

Isso não é verdadeiro. Antes do último período menstrual há um intervalo de tempo que costumamos chamar de pré-menopausa, geralmente com ciclos anovulatórios, ou seja, apesar de haver menstruação, não acontece ovulação no ciclo menstrual. Os ciclos anovulatórios não são raros durante a vida da mulher; a diferença é que, na pré-menopausa, eles ocorrem com maior freqüência em virtude da queda dos níveis hormonais.

O mito:

A menopausa envelhece.

A verdade

Muito embora entrar na menopausa não signifique ficar velha, temos que reconhecer que essa fase está intimamente ligada à passagem do tempo. É muito difícil para uma mulher cujo cabelo embranqueceu por volta dos 50 anos de idade e que percebeu que ganhar peso ficou mais fácil, ou que luta contra dores articulares, desânimo e cansaço, não atribuir essas mudanças à menopausa.

Se houvesse expectativa de novos desafios e novas aventuras aos 50 anos, a menopausa seria encarada de maneira bem mais positiva. Infelizmente, em nosso contexto social essa fase da vida, tanto para homens como para mulheres, é marcada por um negativismo geral, que certamente influencia a atitude da mulher frente à menopausa.

O mito:

Tenho 35 anos e minha última menstruação foi há seis meses. Estou na menopausa?

A verdade

Somente falaremos em menopausa precoce quando, além da ausência da menstruação, apresentarem-se também os sintomas característicos. Pequenas alterações dos ciclos menstruais podem ou não ser o primeiro sinal de menopausa. Ao se aproximar o último período menstrual, ocorrem flutuações no ciclo que talvez passem despercebidas. Muitas mulheres começam a ter dores de cabeça mais freqüentes, mudanças de hábito intestinal, aumento da sensibilidade pré-menstrual e dores nas articulações sem relação direta com atividade física, apatia e desânimo. Outras mulheres podem deparar com súbitas alterações de seus sonhos e também leves mudanças, para mais ou para menos, do desejo sexual.

É importante perceber que todas as manifestações do decréscimo dos níveis hormonais, que levam a pensar na menopausa, também são passíveis de acontecer na vida de uma mulher de 20 anos, por fatores circunstanciais que nada têm a ver com climatério. Por isso, perceber que determinado acontecimento é um sinal da menopausa é uma experiência muito pessoal.

As naturais ocupações do dia-a-dia levam a maioria das pessoas a adiar suas ações relativas à saúde e ao próprio corpo. É bastante comum os médicos receberem, no consultório, mulheres que vão para seus exames habituais sem queixas significativas e que mencionam algum sintoma que lhes parece totalmente casual; como uma dor constante e não intensa em uma articulação qualquer, dor provavelmente relacionada aos níveis hormonais.

Mesmo sem pensar na menopausa, uma mulher na faixa dos 40 anos deve cercar-se de atitudes preventivas em relação à sua saúde. Mais do que nunca, suas visitas ao ginecologista devem ser rotineiras e ela deve procurar seguir as orientações de seu médico em todas as áreas. Estar fisicamente bem vai ajudá-la a enfrentar com mais disposição qualquer situação física e, eventualmente, amenizará sinais ou sintomas da queda dos níveis hormonais.

O mito:

A menopausa deixa seqüelas irreversíveis na mulher.

A verdade

Raramente a menopausa é um fenômeno devastador. Estima-se que apenas 10% das mulheres que chegam naturalmente à menopausa experimentam sintomas severos. Talvez outros 10% passem pela menopausa sem sequer percebê-la. A grande maioria das mulheres experimenta desde pequenos transtornos, que apenas servem como lembrança desse período, até grandes problemas existenciais de difícil solução. Geralmente, a sensação de perder o controle sobre seu próprio corpo é um grande problema. Uma idéia razoável do que esperar da situação tornará muito mais fácil sua vivência.

O mito:

As irregularidades menstruais são sinal de menopausa.

A verdade

Em geral, há irregularidades menstruais no período pré-menopausa porque, em função do aumento de ciclos anovulatórios, nessa fase é produzida menor quantidade de progesterona. Como a progesterona é a responsável pelo sangramento menstrual, sua falta pode acarretar atrasos que eventualmente terminam com fluxo mais intenso do que o habitual.

Mas nem toda irregularidade menstrual é sinônimo de menopausa. Antes de procurar seu ginecologista, é interessante seguir seus ciclos menstruais durante alguns meses. Anote a duração e a intensidade do fluxo e eventuais sensações que acompanhem essa época. A situação que requer uma intervenção médica mais rápida é sempre a do sangramento em curtos espaços de tempo, ou mesmo a diminuição de seu período menstrual. Tais ocorrências podem ter ainda outro tipo de causa, como o crescimento anormal do endométrio, que deve ser corretamente investigado, ou a existência de um pólipo endometrial — uma pequena estrutura que se forma no interior ou no colo do útero e que geralmente precisa ser retirada cirurgicamente.

O diagnóstico preciso, nessas situações, é mais fácil atualmente. A ecografia, ou ultra-sonografia, está bastante desenvolvida. Além dela, existe a histeroscopia, um exame que pode ser feito até mesmo no consultório e que visualiza diretamente a cavidade uterina com um aparelho óptico.

O mito:

As ondas de calor constituem um dos maiores riscos à saúde das mulheres que estão entrando na menopausa.

A verdade

As ondas de calor são apontadas, em diversas pesquisas sobre menopausa, como o sintoma mais comum e um dos que mais incomodam as mulheres. A paciente normalmente se surpreende com o fato de o médico não atribuir muito valor a tal sintoma. Isso ocorre porque a intensidade, duração e freqüência das ondas de calor não servem como medida da quantidade hormonal que deve ser reposta; além disso, apesar de muito desagradáveis, não constituem um risco para a saúde da mulher. Ondas de calor, suores noturnos, alterações do ritmo cardíaco ("batedeiras"), calafrios e formigamento da pele são sintomas relacionados ao sistema circulatório e à distribuição sangüínea.

Aproximadamente 80% das mulheres relatam sentir ondas de calor que passam pelo corpo, subindo até a cabeça e produzindo vermelhidão na pele do colo, pescoço e rosto. Essas ondas em geral são seguidas de sudorese (suores) e alterações do ritmo cardíaco ("batedeiras"), sendo, às vezes, acompanhadas de sensação de angústia.

As ondas de calor podem aparecer até alguns anos antes da última menstruação e durar até alguns anos depois, variando, durante esse tempo, sua freqüência e intensidade. A freqüência do aparecimento das ondas de calor varia desde uma ou duas vezes por mês até várias vezes por dia. A duração média das ondas de calor é de dois a três minutos, podendo variar de poucos segundos até uma hora. Apesar de o mecanismo pelo qual elas são produzidas não estar totalmente elucidado, acredita-se que essas ondas sejam conseqüência da alteração dos níveis circulantes de estrógenos. O centro cerebral que regula a temperatura corporal entende a variação do nível hormonal como uma necessidade do organismo de aumentar a temperatura do corpo e realiza essa tarefa através da dilatação dos vasos, enviando mais sangue para a periferia do corpo. Conseqüentemente, o coração bate mais rápido para colaborar com a tarefa. Os calafrios geralmente aparecem após uma onda de calor e podem ser interpretados como uma resposta do corpo que tenta restabelecer o equilíbrio da temperatura. Esse sintoma, embora desagradável para as mulheres, também tem pouca importância do ponto de vista médico.

 *O mito:*

A vida sexual acaba na menopausa.

A verdade

Essa afirmação é falsa. É desnecessário tratar aqui dos fatores que influenciam nossa vida sexual, uma vez que as experiências de cada um são mais do que suficientes para que, nesta etapa da vida, saibamos que praticamente tudo repercute positiva ou negativamente na esfera sexual. Ainda que não seja uma tarefa fácil, deve-se separar todos os outros fatores, que podem estar nesse momento atuando sobre a vida sexual, dos eventuais sintomas climatéricos.

A vagina, a bexiga urinária e a uretra derivam do mesmo tipo de tecido no embrião e por isso são órgãos muito sensíveis ao estrógeno. Muitas mulheres já perceberam isso ao longo de suas vidas em função das alterações desses órgãos nos diferentes períodos do ciclo menstrual. À medida que se aproxima a menopausa, a queda dos níveis circulantes de estrógeno provoca alterações significativas nesses órgãos.

A mucosa vaginal (parede da vagina) é pregueada em toda a sua extensão, fazendo com que, durante o ato sexual, a vagina se expanda para acomodar o pênis. Além disso, na entrada e ao longo da vagina, existem glândulas cuja função básica é promover a lubrificação vaginal, a fim de permitir que a movimentação peniana se faça com menos atrito e sem lesar a mucosa. A uretra, que se situa no teto e ao longo da vagina, também está protegida de traumas maiores pelo pregueamento da mucosa vaginal e por esse mecanismo de lubrificação. O pregueamento da mucosa vaginal e suas glândulas também estão envolvidos nos sistemas de defesa da vagina contra infecções. A grande alteração provocada por baixos níveis de estrógeno é o desaparecimento do pregueamento vaginal e a diminuição da produção de fluidos lubrificantes pelas glândulas.

Fica fácil entender, então, que a mucosa vaginal perderá sua capacidade de distensão na mesma medida em que diminuir o pregueamento. A expressão utilizada medicamente é atrofia vaginal. Outros termos são eventualmente usados, como vaginite senil. O ressecamento vaginal — que pode ser solucionado por meio da reposição hormonal — varia em graus, assim como as conseqüências que traz. Algumas mulheres percebem apenas que, durante o ato sexual, há mais dificuldade de lubrificação; outras, contudo, chegam a encontrar dificuldade até para caminhar em função do ardor vaginal. Em virtude da maior possibilidade de traumatismos, do ressecmamento e da menor lubrificação, as infecções vaginais costumam ser mais freqüentes. Outra estrutura afetada da mesma maneira é o colo do útero, no que é chamado de colpite senil.

A musculatura responsável pelo suporte do útero, bexiga e uretra também se ressente da falta de estrógenos, resultando, geralmente, em alterações da posição que esses órgãos ocupam dentro da pelve feminina. Conseqüentemente, todo o delicado mecanismo que controla a função urinária costuma se alterar. A bexiga não se esvazia por completo durante a micção, o que gera uma quantidade anormal de urina dentro dela. Com esforços (tosse, espirro, orgasmo), pode ocorrer perda involuntária de urina. Por outro lado, como a sustentação da bexiga está prejudicada pela flacidez muscular, há um deslocamento da posição normal desse órgão, dificultando ainda mais sua função.

A uretra, por sua relação de proximidade com a vagina, também fica mais exposta a traumatismos, perdendo parte de sua capacidade de defesa contra microrganismos. Infecções urinárias (cistites), que a mulher costuma apresentar mesmo durante a vida reprodutiva, tornam-se agora ainda mais comuns. Cistites freqüentes, de tratamento difícil, fazem parte das queixas habituais de mulheres na menopausa.

As repercussões do climatério na esfera sexual podem ser as mais variadas possíveis: aumento do desejo e da resposta, aumento do desejo com resposta mais lenta, desejo infreqüente ou ausente com resposta intensa quando despertado ou desejo e resposta diminuídos. É importante lembrar que qualquer que seja o papel da menopausa, ele será sempre secundário em relação a todos os outros elementos que influenciam a vida sexual.

Obviamente, algumas situações freqüentes na menopausa repercutem na atividade sexual. A atrofia vaginal, sempre presente em maior ou menor grau, é seguramente um transtorno para a atividade sexual. É fácil imaginar que muitos dos mitos a respeito dos "problemas sexuais da menopausa" vêm de uma época em que não se conhecia nenhum tipo de medicamento para a atrofia vaginal, e as mulheres eram obrigadas a lidar também com o preconceito, que atribuía todas as sensações da menopausa a problemas de ordem estritamente psicológica. As alterações rápidas de humor, os suores em momentos inesperados e as reações depressivas também podem afetar a resposta sexual, na medida em que alteram seu estado de ânimo e sua disposição geral.

Normalmente, quando se trata da menopausa, abordam-se apenas as alterações sob a ótica de quem as está vivendo, esquecendo-se das pessoas que convivem com a mulher. Nesse contexto, o parceiro sexual também deve merecer alguma atenção. Se a mulher está passando por momentos de dúvida e questionamentos profundos sobre o próprio ser, certamente as pessoas ao seu lado estarão dividindo suas aflições e percebendo suas mudanças de atitude. Além disso, se sua postura é negativa no geral, ela pode estar influenciando as pessoas a seu redor a também adotarem posturas semelhantes.

Apesar de perceberem que a mulher está passando por mudanças, essas pessoas, por não estarem vivenciando fisicamente os mesmos sintomas, podem não entender exatamente como e por que isso acontece. Vemos com freqüência, no consultório, casais que, por falta de comunicação, transformam situações cotidianas em problemas intransponíveis. A mulher que está entrando na menopausa deve tentar explicar a seu parceiro o que está sentindo e que esse é um fenômeno passageiro decorrente de alterações orgânicas, que tendem a desaparecer. Não se deve esquecer que o único conhecimento objetivo do parceiro sobre as ondas de calor é o de ver sua companheira tirando toda a roupa em um momento em que a temperatura ambiente não é para tanto.

O mito:

A menopausa provoca terríveis dores de cabeça.

A verdade

Apesar dos inúmeros estudos realizados para desvendar as causas de dores de cabeça, tanto na menopausa quanto em outras circunstâncias, não foi possível até hoje definir suas causas ou fatores desencadeantes. Freqüentemente, as mulheres que se queixam de dores de cabeça (que pioram com luz ou barulho, pulsantes, em apenas um lado da cabeça ou em toda essa região) já enfrentavam esse problema antes do climatério.

O mito:

A menopausa não provoca nenhuma
alteração psicológica.

A verdade

É impossível afirmar que a menopausa acarrete apenas alterações físicas nas mulheres. Ocorre que a abordagem dos fatores psicológicos é sempre bastante complicada em função da variedade da resposta individual frente às mesmas situações.

Atribuir estados psicológicos à menopausa é ainda mais difícil, uma vez que eles podem estar relacionados à vivência geral da mulher. A freqüência, porém, com que mulheres na menopausa referem-se a esses "sintomas" permite-nos mencionar:

astenia — mal-estar geral, cansaço extremo e falta de forças são queixas comuns e aparecem já na pré-menopausa. Nas mulheres pré-menopáusicas, cuja manifestação de alteração menstrual é hemorragia constante, essas queixas podem advir de uma anemia em função do sangramento anormal.

nervosismo — irritabilidade, excitação, inquietude, tensão, preocupação com o futuro, sentimentos de pânico, medo de sair de casa ou de comparecer a atividades sociais: todas essas sensações podem se manifestar acompanhadas ou não de palpitações e outros desconfortos físicos.

depressão — durante muito tempo deu-se pouca atenção à depressão e, em suas várias modalidades, ainda não é compreendida. Atualmente, após a comprovação da existência de mecanismos físico-químicos que causam depressão e em função das inúmeras alterações orgânicas presentes em pessoas deprimidas, muito se tem estudado a respeito.

Ginecologistas, cardiologistas, clínicos, urologistas e outros especialistas depararam com sintomas e alterações orgânicas de difícil explicação e tratamento, que tinham em comum certas características psicológicas somente esclarecidas com o conhecimento mais profundo dos estados depressivos.

Sabemos que, nos indivíduos deprimidos, existem alterações em função de uma substância chamada serotonina, que ajuda a comunicação entre as terminações nervosas. Como nossas atividades conscientes e inconscientes dependem da maneira como as mensagens trafegam pelo sistema nervoso, não é difícil entender que todas as nossas funções podem sofrer algum tipo de influência em virtude das alterações ocorridas com a serotonina.

O primeiro passo dado para compreender a depressão foi o de reconhecer que ela se apresenta de diversas formas e graus: desde um certo desinteresse geral pela vida até profundos estados depressivos, que necessitam de acompanhamento terapêutico com medicações que atuam sobre as funções da serotonina.

Também se sabe que estados bastante comuns na vida, como o *stress* e a ansiedade, podem facilitar o estabelecimento da depressão. Para alguns autores, esses estados seriam precursores da depressão, merecendo tratamento já nessa fase, como forma de se evitar crises depressivas mais graves no futuro. Diversos trabalhos realizados com grande número de pessoas apontam uma facilidade maior para a instalação de quadros depressivos em mulheres climatéricas, possivelmente por alterações dos níveis atuantes de serotonina, em função dos níveis hormonais do climatério.

Ainda que a menopausa não seja a causa da depressão, ela pode provocar um nível tal de *stress* psicológico que, quando somado a outras situações vividas pela mulher de meia-idade, torna o geral impossível de ser tolerado.

distúrbios do sono — dificuldade para dormir, sono leve, pesadelos e despertar após curtos períodos de sono são queixas comuns no climatério. Apesar de a insônia ser mais comum em mulheres que sofrem ondas de calor, e despertam em função delas, não há uma clara relação entre os dois fenômenos.

O mito:

Mesmo as mulheres que usam hormônios terão osteoporose; portanto, não vou usar.

A verdade

Comprovadamente, as mulheres que usam hormônios têm menos osteoporose. Além disso, os hormônios detêm o avanço da osteoporose nos casos em que ela já está estabelecida.

A palavra osteoporose significa "osso poroso" e, portanto, mais frágil. A verdadeira importância da osteoporose é sua estreita relação com o aumento de fraturas e suas complicações. As regiões mais atingidas são o fêmur (osso da coxa) e a coluna. A osteoporose não é uma doença e sim a condição final de muitos processos que levam a uma massa óssea menor do que as necessidades corpóreas. Os ossos são a sustentação de nosso corpo e um depósito de cálcio e outros minerais. As células ósseas estão constantemente sendo produzidas e gastas, assim como ocorre com as células das camadas externas de nossa pele.

O balanço entre a reabsorção de células ósseas e a formação de novas células determina a densidade óssea. Na mulher, o controle desse balanço está ligado ao sistema endócrino. O estrógeno tem ação direta sobre esse mecanismo, aumentando a formação óssea e diminuindo a reabsorção. Além disso, o estrógeno exerce ações indiretas, como a de aumentar a reabsorção do cálcio no intestino.

A tiróide (glândula situada no pescoço – *fig. 6*) produz uma substância chamada calcitonina, que também atua diminuindo a reabsorção óssea. A produção e o aproveitamento da calcitonina pelo organismo também dependem dos níveis estrogênicos.

A vitamina D é importante por favorecer a absorção intestinal do cálcio. Além de ser proveniente da alimentação, a vitamina D também é sintetizada em nosso organismo por influência do sol. Portanto, banhos de sol, com os devidos cuidados, são muito benéficos nessa fase da vida da mulher.

Muitas são as causas da osteoporose e muito se discute sobre sua relação com a menopausa. Comprovadamente, a osteoporose é mais freqüente entre a população feminina e sobretudo nas mulheres pós-menopáusicas. O fator predominantemente responsável pela perda de massa óssea é o aumento da reabsorção, que guarda estreita relação com a atividade hormonal. Chama a atenção o fato de que mulheres com menopausa precoce, cirúrgica ou medicamentosa tenham mais osteoporose do que mulheres que entram na menopausa normalmente.

É interessante lembrar que nem sempre as dores articulares, queixa freqüente nos consultórios médicos, significam osteoporose. Elas podem advir de muitos outros fatores. Caberá ao médico diferenciar cada caso e adotar a conduta apropriada.

A osteoporose pode ser diagnosticada por um exame chamado densitometria óssea, um tipo de radiografia que indica os locais onde o osso se tornou mais poroso. O resultado é obtido por comparação com os padrões esperados para cada faixa etária. Normalmente, a medida é feita na coluna e na cabeça do fêmur, locais em que os efeitos da osteoporose são mais presentes.

A osteoporose não pode ser curada, ou seja, o osso, depois de tornar-se poroso, não se regenera. É muito importante, porém, que esse processo seja detectado e interrompido. O principal fator preventivo da osteoporose é a reposição hormonal. Além disso, recomendam-se uma dieta rica em cálcio, exercícios físicos, banhos de sol e eventualmente, a critério médico, a ingestão de um composto à base de cálcio. Há também preparados à base de calcitonina sob a forma de injeções e *sprays* nasais. Diversos estudos apontam para uma ação benéfica desse hormônio na interrupção da perda óssea, porém apresenta efeitos colaterais desagradáveis e seu custo é alto.

O mito:

*Não há relação entre a menopausa
e as doenças cardiovasculares.*

A verdade

Na menopausa, em função da insuficiência de estrógeno, o colesterol e os triglicerídeos no sangue podem aumentar. Esses níveis alterados estão claramente associados ao aumento da incidência de doenças cardiovasculares. O sistema cardiovascular compreende o "coração", que impulsiona o sangue através dos vasos sangüíneos ("artérias" e "veias"), sob o controle de parte do sistema nervoso.

Até há pouco tempo, as doenças e alterações cardiovasculares (infartos, acidentes vasculares cerebrais conhecidos por derrames, colesterol e triglicerídeos elevados) eram comuns ao sexo masculino. Atualmente, a incidência de problemas cardiovasculares é praticamente igual entre homens e mulheres. As causas são amplamente discutidas, mas estamos ainda muito longe de um consenso sobre o assunto.

O colesterol é composto de duas frações. O LDL ("proteína de baixa densidade") e HDL ("proteína de alta densidade"). A fração

LDL é a responsável por efeitos danosos do colesterol, enquanto a fração HDL tem uma função benéfica para o organismo. Quando se fala em colesterol alto, estamos nos referindo ao aumento de LDL e à diminuição de HDL.

O primeiro fator a ser considerado é que as enfermidades referidas anteriormente são características da mesma faixa etária em que o climatério acontece. Alguns estudos mostram que a incidência dessas patologias é mais alta entre as mulheres que estão na menopausa do que as que ainda não entraram nessa fase. Se considerarmos as mulheres que enfrentam a menopausa precoce, isso se torna mais evidente. Por ser de interesse generalizado, os artigos e publicações sobre tal assunto são muitos e é fácil perceber que há grandes controvérsias. Ademais, novas descobertas científicas ocorrem com freqüência, muitas vezes alterando profundamente conceitos existentes.

COMO PREVENIR

Enfrentar e prevenir os sintomas da menopausa requer ações parecidas. Por essa razão, abordaremos as duas conjuntamente.

Muitas mulheres são pegas de surpresa pela menopausa. Reconhecer que as respostas e o desempenho corporal não são mais os mesmos é muito desagradável, mas há um aspecto positivo nesse fato. A menopausa é uma época propícia para várias decisões importantes sobre a saúde da mulher. É o momento certo para se adotar medidas preventivas com relação às doenças mais comuns que poderão aparecer na velhice: osteoporose, doenças cardiovasculares e câncer.

O mito:

Não há como restabelecer os níveis hormonais presentes na idade fértil.

A verdade

É possível sim recuperar os níveis normais dos hormônios presentes na idade fértil feminina por meio da Terapia de Reposição Hormonal (TRH), que utiliza essas substâncias no tratamento da síndrome do climatério. Intensamente discutida, e por isso mesmo muito analisada, a TRH é praticamente uma unanimidade entre os profissionais que se dedicam ao estudo da menopausa. Por seus comprovados efeitos benéficos e cada vez menores efeitos colaterais, dificilmente encontraremos um médico que não seja partidário do emprego dessa terapia na prevenção e no tratamento dos sintomas e efeitos da menopausa.

À medida que o papel dos hormônios naturais em todo o organismo foi se tornando mais compreendido no que se refere à vida reprodutiva feminina, também os efeitos da diminuição dos níveis hormonais, característicos da menopausa, ficaram mais evidentes. Estudos demonstram claramente que um grande número de mulheres se beneficia com a TRH. Novos tipos de preparados hormonais com dosagens mais próximas dos níveis naturais do organismo — maneira mais cômoda de se fazer uso da TRH e que provoca menores efeitos colaterais — também contribuíram para a disseminação do uso de hormônios no climatério.

Muitas das mulheres que atualmente atravessam a menopausa presenciaram os efeitos dos hormônios quando começaram a ser usados medicamente, como os anticoncepcionais em 1961. Os primeiros preparados hormonais disponíveis naquela época continham grandes quantidades de hormônio e seus efeitos colaterais, como o aumento de peso e o aparecimento de pêlos faciais, eram geralmente intensos.

São dessa época alguns dos preconceitos atuais sobre o uso de hormônios. É importante entender que os conhecimentos científicos avançaram bastante e que os preparados disponíveis atualmente são muito mais próximos dos hormônios naturais produzidos pelo organismo.

A função básica da TRH é recuperar os níveis hormonais normais da fase reprodutiva, eliminando os inconvenientes já descritos e prevenindo as patologias conseqüentes. A primeira e maior dificuldade é que ainda não dominamos todos os fenômenos envolvidos nos processos orgânicos que utilizam os hormônios para sua regulação. Ainda que os conhecêssemos, outros obstáculos teriam de ser vencidos individualmente. Teríamos que saber de que maneira cada pessoa utiliza a mesma quantidade de hormônio ou ainda inventar um modo de liberar pequenas quantidades de hormônio dentro do organismo em função do gasto individual. Para que isso tudo pudesse acontecer, necessitaríamos de aparelhos e conhecimentos disponíveis apenas em filmes de ficção científica.

O mito:

Qualquer pessoa pode fazer uso da TRH.

A verdade

Ao indicar um esquema para iniciar a TRH, utilizamos os inúmeros compostos disponíveis, adequando-os a cada mulher. Nesse caminho, o primeiro passo é saber quais pessoas podem e quais não podem fazer uso da Terapia de Reposição Hormonal.

A presença de qualquer doença grave do fígado é uma contra-indicação para o uso da TRH. Lembre-se, porém, de que muitas pessoas atribuem ao fígado várias doenças e estados dos quais ele não participa. Por meio de simples exames de sangue, pode-se determinar o real estado do fígado antes de iniciar a terapia. Pessoas que já tiveram alguma doença hepática, como hepatite, podem fazer uso da terapia hormonal, desde que haja um controle rigoroso por parte do médico responsável.

Muitos tipos de câncer de mama, senão todos, são hormonodependentes, o que significa que progridem sob ação hormonal. Assim, pessoas que já tiveram câncer de mama não devem ser submetidas à TRH. Com os dados disponíveis, é muito difícil afirmar atualmente que pessoas que tiveram câncer de endométrio, mesmo tratadas corretamente e curadas, não devam ser submetidas à TRH. Mesmo assim, a decisão de submeter a paciente à TRH deve ser tomada com cautela, considerando-se cuidadosamente suas necessidades e seu estado geral no início da terapia.

Geralmente, a TRH é contra-indicada para pacientes com episódios anteriores de tromboses, derrames e problemas de retina. Depois de estabilizado o processo e considerando todos os seus efeitos benéficos, a terapia poderá ser utilizada.

Durante algum tempo, níveis alterados de colesterol ou triglicerídeos foram considerados como contra-indicação para o uso de TRH. A reposição hormonal, porém, contribui positivamente para a normalização das dislipidemias (alterações dos níveis de colesterol e triglicerídeos no sangue).

Muitas outras patologias, apesar de não provocarem a contra-indicação da TRH, requerem maiores cuidados na escolha da forma apropriada de substituição hormonal e deverão ser discutidas com o médico responsável. As mais comuns são diabetes grave, epilepsia grave, doenças benignas da mama (cistos, fibroadenomas), edemas (inchaços) de origem renal ou cardíaca, pancreatite e hipertensão grave – muitas mulheres apresentam variações de pressão na idade em que entram na menopausa, mesmo que não causada diretamente por ela. Uma vez sob controle médico, a hipertensão pode inclusive se beneficiar da TRH. Nos raros casos em que a hipertensão é realmente uma patologia, a TRH deverá ser discutida cuidadosamente com o médico.

COMO TRATAR

Juntamente com o médico, a paciente deve decidir que hormônio será utilizado, em que doses e por que via.

Os compostos estrogênicos normalmente utilizados na TRH são obtidos de fontes naturais, sendo a mais comum a urina de éguas prenhes. Os compostos utilizados nas pílulas anticoncepcionais são diferentes e geralmente sintéticos. Há basicamente dois tipos de compostos de progesterona: medroxiprogesterona ou noretindrona.

Durante algum tempo, dispunha-se de estrógeno e progesterona em comprimidos em doses variáveis e de cremes vaginais à base de estrógenos. A tentativa era a de estabelecer um ciclo artificial o mais próximo possível do natural. Usava-se somente estrógeno durante 21 dias e, nos últimos 7 ou 10 dias, acrescentava-se a progesterona. O papel da progesterona é basicamente proteger o endométrio contra um crescimento excessivo induzido pelo uso de estrógeno. Algumas mulheres se adaptaram tão bem a esse esquema, que ainda hoje o utilizam, apesar dos novos compostos disponíveis no mercado.

Com o tempo, surgiram compostos que permitem individualizar o tratamento para cada paciente, na tentativa de aliviar os sintomas, prevenir a osteoporose, impedir ou reverter a atrofia urogenital e proteger o sistema cardiovascular.

O mito:

Como comecei a tomar hormônios sob a forma de comprimidos e não me adaptei, não posso usar outras formas de hormonoterapia.

A verdade

Nem sempre o primeiro esquema de reposição hormonal é o que melhor funciona, em virtude das respostas individuais. A qualquer altura do tratamento, porém, é possível fazer alterações de dose e via de administração visando adaptar a TRH a cada caso. Não existe nenhum esquema que possa ser considerado definitivo. Basicamente, os esquemas possíveis para TRH são:

estrógenos isolados – em princípio, a reposição somente com estrógenos está indicada para as mulheres que foram histerectomizadas e, portanto, não precisam da ação protetora da progesterona para o endométrio.

estrógenos e progesterona – há duas maneiras básicas de se utilizar esse esquema: pode-se usar estrógeno durante 21 dias e progestogênios durante os 10 ou 12 dias finais e interromper a medicação. Geralmente, a pausa é de 7 dias, ocorrendo sangramento menstrual nesse período. Pode haver também parada do sangramento cíclico após algum tempo de tratamento. A segunda possibilidade é não interromper o uso do medicamento. Esse esquema, de uma maneira geral, possibilita o uso de menores doses de progestogênios.

outros hormônios – a pesquisa de substâncias que tenham efeitos semelhantes aos hormônios é muito intensa. Existe disponível no mercado uma substância chamada tibolona, que tem efeitos estrogênicos e progestogênicos e deve ser usada de forma contínua. As mulheres que usam tibolona normalmente não apresentam sangramento.

vias de administração — muitas vias de administração foram tentadas ao longo do tempo. Anéis vaginais impregnados de hormônios, implantes subcutâneos, cremes para aplicação cutânea e injeções intramusculares. As vias normalmente utilizadas são os comprimidos, adesivos cutâneos e cremes vaginais. O ginecologista escolherá aquele que mais se adapta ao caso de sua paciente.

Os compostos em comprimidos são os mais conhecidos, existindo diversos tipos de estrógenos e progesteronas que diferem pouco entre si quanto a seus efeitos.

Os adesivos são relativamente recentes e encontraram grande aceitação por parte de pacientes e médicos. Eles devem ser colocados no abdômen ou nas nádegas e trocados a intervalos regulares. Os primeiros adesivos continham apenas estrógenos, o que obrigava as mulheres que necessitavam de progestogênios a tomarem comprimidos durante 10 ou 12 dias. Atualmente, já existe um adesivo que contém estrógenos e progesterona. A vantagem dessa via, conhecida como transdérmica, é a de evitar a parte do metabolismo hepático a que são submetidos os compostos orais. Tanto adesivos quanto comprimidos podem ser utilizados de forma contínua ou com intervalos que permitam o sangramento.

Os cremes vaginais são compostos somente de estrógenos. A via vaginal é reservada para os casos em que se deseja apenas ação local no sistema urogenital ou nos raros casos em que, além da terapia sistêmica (oral ou transdérmica), ainda se faz necessário utilizar estrógeno local para solucionar os sintomas urogenitais.

A escolha de via, dose, esquema e tempo da TRH é sempre uma decisão conjunta da paciente e de seu médico e deverá levar em consideração as indicações para cada tipo de hormônio, a disposição da paciente para adotar essa terapia e seus efeitos colaterais.

O mito:

A TRH não apresenta efeitos colaterais.

A verdade

Como qualquer outra medicação, a TRH poderá ser acompanhada de efeitos colaterais que variam enormemente de mulher para mulher. Antes de abandonar a hormonoterapia, a paciente deve discutir com seu ginecologista todos os sintomas apresentados. Às vezes, uma simples mudança no horário do uso do medicamento poderá produzir um efeito diferente.

O mito:

Tenho miomas uterinos; por isso, não posso tomar hormônios.

A verdade

Há diversos tipos de miomas e, conseqüentemente, diferentes sintomas produzidos por eles. O médico indicará qual a **melhor abordagem** em função do tamanho, localização e **número de miomas** que a paciente apresentar.

O mito:

Fui operada de cistos de ovário e agora não posso tomar hormônios.

A verdade

Não existe nenhuma relação entre operações de cistos ovarianos benignos e a Terapia de Reposição Hormonal.

O mito:

Cistos ou nódulos de mama impossibilitam a TRH.

A verdade

Essa situação, em particular, deverá merecer mais atenção por parte do ginecologista. Entretanto, definido o diagnóstico de patologia benigna e realizados os exames de acompanhamento necessários, não haverá qualquer motivo que impossibilite a aplicação da TRH.

O mito:

A TRH é prejudicial porque faz com que as menstruações retornem.

A verdade

No início da Terapia de Reposição Hormonal poderão ocorrer sangramentos menstruais, que geralmente acabam em poucos meses. Esse tipo de sangramento não acarreta nenhum problema.

TRATAMENTOS NÃO-HORMONAIS

N os casos em que há contra-indicações absolutas para o tratamento hormonal, podemos lançar mão de algumas alternativas para minorar os sintomas vasomotores — as ondas de calor.

O mito:

Há tratamento não-hormonal para todos os problemas decorrentes da menopausa.

A verdade

Há alternativas de tratamento não-hormonal, mas é importante salientar que essas drogas não têm atuação sobre as alterações do sistema urogenital, osteoporose e metabolismo lipídico.

clonidina — essa droga é usada em altas doses como hipertensivo e em doses menores na prevenção de crises de enxaqueca. Os dados quanto à sua atuação sobre as ondas de calor são contraditórios e os efeitos colaterais, como secura na boca, tonturas e enjôo, são freqüentes.

sulpiride e veralipride — psicotrópicos algumas vezes utilizados para as ondas de calor, de efeito discutível e com efeitos colaterais que geralmente contra-indicam seu uso, sendo os mais comuns a produção de galactorréia (secreção mamária) e a dor mamária.

antidepressivos – podemos encontrar publicações apresentando o uso de vários antidepressivos no tratamento dos sintomas vasomotores da menopausa. Acreditamos, entretanto, que tais medicamentos, em função de seus efeitos colaterais, não devem ser usados para o tratamento da sintomatologia climatérica, mas apenas no tratamento das depressões. Embora não haja nenhuma contra-indicação para o uso simultâneo da TRH e dos antidepressivos, pode-se esperar que a TRH atinja seus efeitos para que então seja iniciada uma terapia antidepressiva, uma vez que quadros depressivos advindos do climatério podem desaparecer apenas com a Terapia de Reposição Hormonal.

vitaminas e antioxidantes – as vitaminas e antioxidantes têm sido cada vez mais consumidos em larga escala e em várias situações. Apesar de as evidências apontarem resultados positivos, não há estudos médicos com grande número de pacientes que possam confirmar seus efeitos, principalmente em relação à sintomatologia climatérica.

NUTRIÇÃO X EXERCÍCIOS FÍSICOS X HÁBITOS GERAIS

A alimentação equilibrada e saudável tem grande influência sobre a saúde em todas as etapas da vida, contribuindo para a prevenção de inúmeras doenças. Difícil é definir exatamente o que é uma alimentação equilibrada e saudável; mais difícil ainda é seguir um padrão alimentar em função das atribulações do cotidiano.

No climatério, a alimentação deve ter como objetivo proporcionar uma ingestão adequada de calorias, proteínas, hidratos de carbono, vitaminas, cálcio e sais minerais. A necessidade energética diminui aproximadamente 2% a cada decênio da idade adulta. Em outras palavras, isso significa que seu organismo gasta menos energia para funcionar. Comendo a mesma quantidade e tendo um gasto de energia menor, a tendência é que ocorra aumento de peso. Por isso, a quantidade de alimentos ingerida na idade adulta deverá ser reduzida. Fique claro que essa situação não é decorrente do climatério, mas sim da faixa etária, tanto que a regra serve para homens e mulheres.

Essa redução do metabolismo energético está diretamente relacionada à diminuição da massa muscular que ocorre à medida que envelhecemos. Estima-se que as necessidades calóricas para uma mulher por volta dos 50 anos seja de aproximadamente 1.800 quilocalorias por dia. Assim, para que seja feita uma dieta apropriada, deve-se consultar um profissional da área que adaptará as necessidades calóricas em função das características da vida da paciente. Podem-se utilizar também as tabelas constantes do livro *Tabela de composição química dos alimentos*, de Guilherme Franco (Livraria Atheneu).

O mito:

As mulheres sempre engordam na menopausa.

A verdade

A afirmação não é verdadeira. O que geralmente acontece é que nessa época há um aumento de apetite, fazendo com que pessoas que nunca tiveram preocupação com a manutenção de seu peso agora devam exercer uma vigilância maior sobre a própria dieta. Pessoas que lutaram a vida toda tentando manter o peso, em função do hábito de controle alimentar, podem passar por essa fase sem notar nenhuma alteração.

O mito:

Então não preciso ter maiores cuidados com a alimentação, já que a menopausa não engorda.

A verdade

A alimentação deve ser balanceada, não somente para que a mulher não engorde, mas porque o organismo necessita de vários nutrientes. Ao determinar a alimentação, deve-se ter em mente os seguintes conceitos:

- Frutas e verduras podem ser consumidas de forma mais ou menos livre, desde que se evite o excesso de calorias.

- Cítricos, morangos, melão e tomate são fontes de vitamina C.

- Verduras verdes contêm cálcio e devem estar sempre presentes na alimentação.

- Cereais e grãos, importantes também para o funcionamento intestinal, são alimentos com baixa quantidade de calorias.

- Leite e seus derivados são a principal fonte de cálcio e devem fazer parte da dieta. Eventualmente, como prevenção da osteoporose, será necessária uma fonte adicional de cálcio, que o ginecologista indicará.

- Carnes magras, peixe e frango devem ser as principais fontes de proteínas, evitando-se as carnes vermelhas e gordurosas.

- Gorduras em geral, manteiga, azeite e frituras fazem parte dos alimentos a serem evitados sempre que possível.

- Todos os tipos de açúcar têm grande influência no aumento do peso e pouca importância do ponto de vista nutricional.

- O baixo consumo de sal deve ser observado, especialmente pelas pessoas que tiveram episódios de pressão alta.

- No climatério, deve-se observar moderação no consumo de álcool.

O mito:

Exercícios físicos não são mais importantes para quem já está na menopausa.

A verdade

Os exercícios físicos, praticados de maneira regular, auxiliam a combater a obesidade, a osteoporose, as doenças cardiovasculares, a ansiedade, a depressão e as dores articulares.

Pessoas que praticaram exercícios físicos de forma regular durante toda sua vida têm maior massa óssea e, portanto, tenderão a ter menos osteoporose. Na pós-menopausa, a atividade física contribui de maneira decisiva para diminuir a reabsorção óssea, acentuada nessa época.

É importante lembrar que para começar qualquer atividade física é imprescindível estabelecer, com o médico responsável, um programa racional e perfeitamente adaptado à condição física da paciente.

O mito:

Como já estou na menopausa, não preciso mais me preocupar com anticoncepção.

A verdade

Embora o número de ciclos ovulatórios diminua no climatério, é necessário um acompanhamento anticoncepcional nessa fase.

Ao atingir o climatério, a maioria das mulheres já resolveu que tipo de método anticoncepcional mais se adapta às suas condições de vida e pode continuar a fazer uso dele. Mas, se a paciente não tem usado nenhum contraceptivo há tempos, não deve voltar ao método utilizado anteriormente sem antes consultar seu médico. A idade é um dos principais fatores considerados para a escolha de um método anticoncepcional.

RESUMINDO

Preparar-se para a menopausa é fundamental. A mulher deve se informar, lendo as diversas reportagens e publicações a respeito, e consultar com regularidade seu ginecologista, para usufruir de todas as medidas profiláticas e terapêuticas de que dispomos. Nessas ocasiões, deve expor claramente suas dúvidas e seus problemas.

Não se deixar influenciar por opiniões de pessoas cuja vivência e entendimento nunca serão iguais aos dela é um passo importante para a mulher nesse momento; assim como procurar entender as causas, os efeitos e as conseqüências que essa etapa de sua vida lhe trará. Nunca é tarde para começar a adotar medidas preventivas: se essa fase já chegou e ainda não se tomou nenhuma atitude, esta é a hora da decisão.

A menopausa não é mais o fantasma que ameaçava as mulheres de meia-idade com a impossibilidade de levarem uma vida normal no trabalho, com o final da vida sexual e com transtornos e sintomas que dificultavam ou até impediam as atividades sociais. Tanto o reconhecimento de que os possíveis transtornos são causados por alterações hormonais quanto a ampla variedade de tratamentos disponíveis para enfrentar e prevenir suas manifestações possibilitam à mulher passar pela menopausa com sua qualidade de vida assegurada.

Para que isso aconteça, outras ações devem ser adotadas. Se a mulher nunca praticou esportes, esta é a hora para começar. Comer e beber com moderação é imprescindível. Aumentar o tempo de lazer e realizar atividades físicas ao ar livre é mais do que recomendável.

Acima de tudo, é necessário adotar uma postura mental positiva e ter sempre em mente que a menopausa não é uma doença, mas apenas mais uma fase da vida cuja qualidade vai depender somente do comportamento dessa nova mulher.